그리스·로마 설화 1
슬픈 나이팅게일

메네라오스 스테파니데스 글
1923년 아테네에서 태어나 경제학을 공부한 저자는 수십 년 동안 〈그리스·로마 신화〉를 연구하는 과정에서 아름다운 설화를 발견하여 감성이 가득 담긴 〈그리스·로마 설화〉를 엮었습니다.

포티니 스테파니디 그림
1962년 아테네에서 태어나 미술을 전공했고 〈그리스·로마 설화〉로 BIB 국제 비엔날레 도서상을 수상했습니다.

이경혜 옮김
한국외국어대학교 불어교육학과를 졸업했고 어린이들을 위한 다양한 책을 번역하고 창작하였습니다.

그리스·로마 설화 1
슬픈 나이팅게일

메네라오스 스테파니데스 글 | 포티니 스테파니디 그림 | 이경혜 옮김

1판 1쇄 인쇄 2024년 2월 15일 | 1판 1쇄 발행 2024년 3월 3일
펴낸이 정중모 | 펴낸곳 파랑새 | 등록 1988년 1월 21일(제406-2000-000202호)
편집장 서경진 | 편집 정혜연, 김보라 | 디자인 권순영
마케팅 김선규 | 홍보 최은서, 고다희 | 온라인사업팀 서명희
제작 윤준수 | 관리 고은정, 구지영, 홍수진
주소 경기도 파주시 회동길 152 | 전화 031-955-0700 | 팩스 031-955-0661
홈페이지 www.yolimwon.com | 전자우편 bbchild@yolimwon.com
ISBN 978-89-6155-480-0 74800, 978-89-6155-479-4(세트)

The sad nightingale
Text copyright by Menelaos Stephanides
Illustration copyright by Photini Stephanidi All rights reserved.
Korean translation copyright arranged with Sigma Publications F.&D. Stephanides O.E.
through Shinwon Agency Co., Seoul.

이 책의 한국어판 저작권은 Shinwon Agency를 통한 독점 계약으로 파랑새에 있습니다.
저작권법에 의해 한국 내에서 보호를 받는 저작물이므로 무단 전재와 무단 복제를 금합니다.

어린이제품안전특별법에 의한 제품 표시
제조자명 파랑새 | 제조년월 2024년 2월 | 제조국 대한민국 | 사용연령 7세 이상

그리스·로마 설화 1

슬픈 나이팅게일

메네라오스 스테파니데스 글
포티니 스테파니디 그림

파랑새

간절하고 순수한 마음에서
우러나오는 일이라면
우리의 결심도 강해지는 법이랍니다.

옛날 옛날에 왕과 왕비가 살고 있었어요. 왕과 왕비에게는 두 아이가 있었어요. 누나는 상냥하고, 명랑하고, 어여쁜 공주였고, 동생은 친절하고 잘생긴 왕자였어요.

이 오누이는 참으로 사이가 좋았어요. 세상의 그 어떤 것도 공주와 왕자 남매를 갈라놓을 수 없을 정도였지요.

왕과 왕비는 아이들을 매우 자랑스러워했어요. 오누이는 하나같이 사랑스러운 모습에, 착한 마음씨에, 행동 하나하나도 귀여웠거든요. 특히 공주는 보는 사람들이 눈이 부실 정도로 아름다웠어요.

이 어여쁜 공주는 겨우 열두 살밖에 안 되었지만, 동서남북 가릴 것 없이 온 세상 사람들의 사랑과 관심을 받았어요. 사람들은 공주를 '세상에서 가장 사랑스러운 아가씨'라고 불렀답니다.

벌써부터 귀족 집안의 청년들과 부유한 영주의 아들들, 유명한 왕자들이 이 사랑스러운 공주와 결혼하기 위하여 방방곡곡에서 몰려들었어요. 그렇지만 공주는 그렇듯 어린 나이에 결혼할 생각이라곤 티끌만큼도 없었어요. 부모와 떨어져 살고 싶지도 않았고, 세상에서 가장 사랑하는 동생과도 헤어지고 싶지 않았지요. 공주는 지금 이대로가 가장 행복했으니까요!

하지만 행복이란 지나가는 새와 같아서 금방 날아가 버려요. 불행이란 녀석은 늘 우리 곁에 붙어 있으면서, 이제나저제나 우리를 쓰러뜨릴 기회만 넘보고 있는데 말이에요.

어느 날 아침, 두 아이는 여느 때처럼 궁궐의 뜰에서 즐겁게 뛰고 춤추며 놀고 있었어요.

어여쁜 공주는 머리에 둘렀던 스카프를 풀었어요. 그 스카프는 가장자리에 주홍색 장미가 수놓아진 하얀 비단 스카프였어요. 공주는 춤을 추며 스카프를 하늘에 대고 흔들었어요.

그때였어요. 갑작스레 공주가 서 있는 곳으로 바람이 휘몰아쳤어요. 바람은 공주가 들고 있던 스카프를 낚아채서 하늘 높이 올렸다가 덤불 속으로 떨어뜨렸어요.

어린 동생은 스카프를 찾으러 부리나케 달려갔지요. 동생은 빽빽한 덤불 속을 뚫고 들어갔어요. 누나는 동생이 스카프를 가지고 나오기를 기다렸어요.

하지만 들어간 지 한참이 지났는데도 동생은 나오지 않았어요. 걱정이 된 공주는 무슨 일이 일어났나 보려고 그곳으로 들어가 보았지만 아무리 찾아도 동생을 찾을 수가 없었어요. 공주는 동생을 부르고 불렀지만 아무런 대답조차 없었어요. 스카프도 어디론가 감쪽같이 사라져 버렸고요.

공주는 이리저리 뛰어다니며 애타게 동생의 이름을 불렀지만 들리는 소리라고는 나이팅게일의 울음소리뿐이었어요. 나이팅게일의 슬픈 울음소리는 마치 공주가 애처롭게 외치는 소리에 대답

을 하려는 것만 같았어요. 그것도 잠시, 얼마 지나지 않아 그 새소리마저 멀어져 들리지 않게 되었지요. 어린 왕자에 대한 것은 이제 한 점도 남김없이, 완전히 사라져 버린 거예요.

　날이 가고 달이 흘렀지만 어린 왕자가 살았는지

죽었는지조차 알 수 없었답니다.

 사랑하는 아들을 잃은 왕과 왕비의 슬픔은 세상의 그 어떤 것으로도 달랠 수가 없었어요. 공주의 상태는 더욱 안 좋았지요. 공주는 동생이 보고 싶어 견딜 수가 없었어요.

공주는 놀지도 않고, 웃지도 않았어요. 오직 동생과 나이팅게일의 슬픈 울음소리만을 생각할 뿐이었어요.

꼬박 한 해가 지나자 왕과 왕비는 아들을 잃었다는 사실을 비로소 받아들였어요. 그러나 공주는 조금도 달라지지 않았어요. 여전히 핏기 없는 창백한 얼굴로 괴로워할 뿐이었어요.

"한 아이를 잃은 것만도 끔찍한데, 이러다간 저 아이마저 잃겠소."

불행해진 부모는 말했어요. 그렇지만 무엇을 해 줘야 할지 몰라서, 공주에게 결혼을 하라고 권했지요. 공주와 결혼하고 싶어 찾아온 수많은 멋진 청년들 중에서 한 사람을 고르라고요. 공주는 들은 척도 하지 않았답니다.

공주는 오직 사라져 버린 어린 동생과 귓가에

남아 있는 나이팅게일의 슬픈 울음소리만을 생각했어요.

어느 날인가, 왕은 공주의 뺨에 흘러내리는 눈물을 보고 놀라서 물었어요.

"왜 그러니, 애야? 어떻게 해야 너의 입술에 다시 미소가 돌아올 수 있겠니? 제발, 그 방법을 말해 다오."

그러자 공주의 입에서 아주 가냘픈 목소리가 흘러나왔어요. 그 소리는 어찌나 가냘픈지 왕은 그 소리를 듣기 위해 귀를 바짝 기울여야 했지요.

"슬픈 나이팅게일이 보고 싶어요."

"가엾은 내 딸이 정신이 나갔구나. 슬픈 나이팅게일이라니, 이 무슨 엉뚱한 말인가? 그런 걸 어디에 가서 찾아올 수 있겠는가?"

왕은 혼자 중얼거렸어요.

사흘이 지난 뒤에 왕은 다시 한번 물어보았어요. 공주의 대답은 마찬가지였어요.

이틀이 더 지난 뒤에 왕은 또다시 물었지만, 공주는 여전히 그 이상한 말만 되풀이할 뿐이었어요.

"슬픈 나이팅게일을 보고 싶어요."

그제야 왕은 공주의 말을 받아들였어요. 누구든 공주의 소원을 이루어 주기만 한다면, 그래서 공주를 그 끔찍한 불행에서 구해 주기만 한다면, 그를 공주와 결혼시키겠다고 마음먹었지요.

그다음 날로 왕은 전령들을 시켜 온 나라의 마을과 도시를 돌아다니면서 그 사실을 알리도록 했어요. 누구든 공주에게 슬픈 나이팅게일을 찾아다 주기만 하면, 세상에서 가장 사랑스러운 아가씨인 공주를 신부로 맞이할 수 있다고요.

그 소식은 방방곡곡으로 퍼져 나갔어요.

많은 용감한 젊은이들이 나서기 시작했어요. 황금 마차를 타고 호위병을 거느린 왕자도 있었고, 말을 탄 부유한 젊은 귀족도 있었고, 그 밖에도 셀 수 없이 많은 씩씩한 청년들이 있었어요. 그들은 모두 자기가 슬픈 나이팅게일을 찾아내 아름다운 공주와 결혼하게 될 것이라고 믿었답니다.

이 소식은 부자 상인의 귀에도 들어갔어요. 상인에게는 아들이 하나 있었는데, 모두들 그 아들을 스누티라고 불렀지요. '스누티'란 말은 잘난 체한다는 뜻이었어요. 스누티는 우스꽝스러울 정도로 뻐기고 다녔거든요.

그 상인에게는 스누티보다 나이 어린 조수도 한 명 있었어요. 마음씨가 착하고, 일을 열심히 하는 고아 소년이었지요.

스누티는 아버지에게 말과 새장과 금화가 가득 든 지갑을 달라고 했어요. 그러고는 다른 사람들처럼 슬픈 나이팅게일을 찾아 길을 떠났어요. 그의 머릿속은 온통 '어떻게 하면 왕자, 그리고 언젠가는······.' 왜 아니겠어요? 왕이 될 수 있을까 하는 꿈으로 가득 차 있었어요.

어린 조수에게도 꿈이 있었지만 그것은 아주 다

른 것이었어요. 그 소년은 공주를 생각할 때마다 동생을 잃고 슬퍼하는 어린 소녀의 모습만이 떠올랐어요. 그래서 그 소년도 주인에게 슬픈 나이팅게일을 찾으러 가게 해 달라고 부탁했답니다.

"저 녀석이 걸어가 봤자 얼마나 가겠어? 금방 돌아오겠지."

상인은 중얼거리며 조수가 떠날 수 있도록 허락해 주었어요. 먼 길을 떠나는 젊은이에게 상인이 준 것

이라고는 빵과 치즈가 든 자루 하나뿐이었어요. 거기에 소년은 가위를 챙겨서 길을 나섰어요. 자기 물건이라고는 그것밖에 없었으니까요. 그 가위는 돌아가신 어머니에게서 물려받은 유일하고도 소중한 유품이었어요.

먼저 길을 떠난 스누티는 곧 네거리에 다다랐어요. 웬 할머니가 누더기 옷을 입고 돌 위에 앉아 있었어요. 그 노파는 비쩍 마른 데다 얼굴은 쪼글쪼글 주름투성이였고, 머리부터 발끝까지 온몸을 덜덜 떨고 있었어요. 게다가 발도 맨발인 데다, 한

쪽 다리를 다른 쪽 다리 위에 올려놓은 채 두 손으로 발을 붙잡고 끙끙 앓는 소리를 내고 있었지요.
 스누티가 말을 타고 나타나자 할머니가 소리를 질렀어요.

"젊은이, 날 좀 도와주게! 아파서 죽겠어. 좀 도와줘. 그러면 큰 복을 받을 게야!"

"이렇게 소름 끼치는 늙은이는 보다보다 처음 보는군."

스누티는 그렇게 중얼거렸어요. 그는 큰 소리로 할머니에게 빈정거렸지요.

"이 늙은 할망구야, 도와달라고? 뭐 하러? 곧 숨이 꼴깍 넘어가게 생긴걸!"

그 말만을 내뱉고, 말에 박차를 가해 달려갔어요.

스누티는 할머니가 자기에게 퍼부은 저주의 말을 듣지 못했답니다.

조금 뒤 그 조수도 똑같은 곳을 지나게 되었어요. 소년은 불쌍한 할머니가 끙끙거리고 있는 것을 보자 가엾은 마음이 들었어요. 그래서 할머니가 부르기도 전에 얼른 다가가서 신음 소리를 내는 이유를 물었지요.

"친절한 아이구나, 네 발자국마다 행운이 넘치기를! 가시가 발꿈치에 박혔는데, 보이지가 않아서 빼낼 수가 없구나."

할머니가 큰 소리로 말했어요.

소년은 조심스럽게 할머니의 발을 들어 가시를 뽑아 주었어요. 그러자 할머니를 괴롭히던 아픔은 씻은 듯이 사라졌지요. 할머니는 자기를 구해 준 소년을 다정한 눈길로 바라 보면서 말했어요.

"얘야, 도와줘서 정말 고맙구나. 많은 훌륭한 청년들이 이곳을 지나갔지. 귀족과 왕자들도 있었어. 하지만 멈춰 서서 내 가시를 뽑아 주는 사람은 아무도 없었단다. 그 자들이 그렇게만 해 줬다면 나도 그들이 원하는 걸 도와주려고 했건만……. 이래 봬도 나는 아무도 알지 못하는 비밀을 많이 알고 있거든. 자, 이제 네가 어디로 가려는지 말해 보렴. 먼 길을 걸어서 가는 까닭도 말이다. 그렇게 믿지 못하겠다는 얼굴로 쳐다보지 말고. 네가 생각하는 것보다 내가 훨씬 더 쓸모가 있을지 누가 알겠니?"

 소년은 이 가난하고 불쌍한 할머니가 자기를 도울 수 있으리라고는 기대하지 않았어요. 단지 아무 말도 하지 않으면 할머니가 서운해할까 봐 말을 꺼냈지요.

 "나는 세상에서 가장 사랑스러운 아가씨의 얼굴에 웃음을 되찾아 주고 싶어요. 그러려면 슬픈 나이팅게일을 찾아서 가져다줘야 하는데, 어디로 가야 그 새를 찾을 수 있는지 아무도 몰라요. 할머니도 그것만은 모를걸요."

 그런데 대답이 금방 나왔어요.

 "애야, 내가 바로 그걸 알고 있는 사람이란다. 내 말을 잘 들으렴. 슬픈 나이팅게일을 찾으려면 저 우뚝 솟은 로프티산맥을 넘어가야 해. 그 산들은 너무나 아득하게 높아서 사람들의 발길이 닿지 않는 산이지. 너는 착한 마음을 가졌고, 또 영리하고 용감해 보이니 모든 장애물을 이겨 내고 반드시 나이팅게일을 찾아낼 게야. 그래서 사랑스러운 공주에게 다시 웃음을 찾아 주고 공주를 신부로 맞이할 게다. 저기, 저 멀리 수평선에 있는 큰 산이 보이지? 어떻게든 그곳에 올라야 한다. 저 산꼭대기에 올라가면 또 다른 산이 나올 게야. 그 산도 올라가야 해. 다음 산이 나오면 또 올라가고, 또 올라가고……. 여섯 번째 산을 오르고 나면 일곱 번째 산인 '아무도 오르지 못한 산'이 나올 거야. 그 거대한 바위탑을 올려다보면 누구든 포기하고 절망에 빠져 돌아서게 되지. 너무나 높고 넓기 때문에 아무도 감히 그곳을 오를

엄두를 내지 못하지. 하지만 나이팅게일을 찾으려면 이를 악물고 그 산을 올라가야만 한단다.

  가다 보면 동굴이 나올 게다. 거기에는 털북숭이 거인이 살고 있는데, 심술궂지만 때론 친절하고, 사납지만 양처럼 순하기도 한 거인이야. 네가 그 거인에게 좋은 인상을 준다면 거인은 너한

테 '아무도 오르지 못한 산'을 넘어갈 수 있는 방법을 알려 줄 게야. 그럼 너는 나이팅게일을 찾을 수 있게 돼. 그러지 못한다면 거인 손에 죽게 되는 거고. 내 너한테 축복을 빌어 주마. 너는 틀림없이 성공할 거야. 내 축복을 받은 사람치고 실패한 사람은 하나도 없으니까. 물론 내가 축복을 빌어 주는 일이 거의 없긴 하지. 나는 백 년에 한 번씩만 축복을 해 주거든. 자, 이제 길을 떠나거라. 네가 무사히 다시 돌아올 때까지 어깨에 메고 있는 그 자루는 텅 비는 일이 절대로 없을 게다."

마지막 말이 할머니의 입술에서 새어 나오자마자, 할머니는 공중으로 사라져 버렸습니다.

소년은 선 채로 할머니가 사라진 곳을 넋을 잃고 바라보았어요. 이제는 적어도 어디로 가야 할지는 알게 된 것이지요. 소년은 로프티산맥을 향

해 용감하게 출발했어요. 날마다 쉬지 않고 걸었지요. 어느새 몇 달이 지나갔어요.

배가 고플 때마다 소년은 가방을 열고 빵과 치즈를 꺼내 먹었어요. 할머니가 말한 대로 자루가 비는 일은 결코 없었어요. 목이 마를 때면 길가의 샘에서 물을 마시며 잠시 쉬었다가 계속 앞으로 나아갔어요. 마침내 첫 번째 산을 올랐고 두 번째 산도 올랐어요.

소년은 목표에 점점 다가가고 있었어요.

드디어 소년은 여섯 번째 산을 넘었고 일곱 번째 산 앞에 서게 되었어요. '아무도 오르지 못한 산', 그 산은 바위 덩어리로 된 엄청나게 커다란 탑이었어요. 너무나 높고 큰 산이라 거대한 벽이 앞을 가로막고 있는 것 같았지요. 소년은 꼭대기를 한 번 올려다보고는 용감하게 바위 면을 오르기 시작했어요.

  오르고 또 오르자 할머니가 말했던 동굴이 보였어요. 소년은 조심스럽게 다가가 동굴 안을 들여다 보았어요. 그 안에는 정말 거인이 있었어요.

  소년은 지금껏 그렇게 털이 많은 사람은 본 적이 없었어요. 그 털북숭이 거인은 가슴을 다 드러낸 채 동굴 바닥에 책상다리를 하고 앉아 있었어요.

거인의 가슴은 구불구불한 털이 엉킨 숲이었어요. 그 털은 점점 자라나 가슴을 덮고 팔을 따라 내려가 손가락 끝까지 뒤덮고 있었어요. 코와 이마 부분만 조금 드러나 있을 뿐 덤불 같은 수염과 헝클어진 머리카락은 거인의 얼굴을 온통 뒤덮고 있었어요.

눈은 아예 보이지도 않았어요. 양쪽 눈썹에서 자라난 기다랗고 빳빳한 털이 두꺼운 장막처럼 눈을 덮고 있었으니까요. 이 거친 털로 덮인 덤불 속에서 눈에 띄는 것이라곤 거인의 목에 걸려 있는 황금 열쇠뿐이었어요.

이런 무시무시한 거인을 본다면 누구든 겁에 질려 달아났겠지만 소년은 꿈쩍도 않고 선 채로 거인을 바라보았어요. 거인이 앞을 보지 못한다는 것을 곧 알아챌 수 있었어요. 앞 못 보는 사람들이 흔히 그렇듯이 거인은 머리를 움직이지 않고 뻣뻣이 든 채로만 있었거든요.

"거인님, 오래오래 행복하게 사세요. 나는 당신을 도우러 왔어요. 원하는 것이 있으면 말하세요. 내가 들어 드리겠어요."

소년이 큰 소리로 외쳤어요.

"부르지도 않았는데 내 집에 들어온 놈이 누구냐?"

거인은 소리를 버럭 지르면서 그 커다란 털북숭이 팔을 뻗어 낯선 방문객을 잡으려고 했어요. 그러나 재빨리 이리저리 몸을 피하는 소년을 잡을 만큼 잽싸지는 못했지요.

소년은 거인에게 다가가 말했어요.

"나는 해치러 온 게 아니라 도우러 왔어요. 그래서 이렇게 말하는 거예요. 원하는 것을 말하면 그대로 하겠어요. 그런 다음에 내 부탁을 들어주면 돼요."

"내가 원하는 것을 말하라고? 눈 먼 사람이 다시 볼 수 있게 되는 것 말고 무얼 원하겠느냐? 네가 그 일을 하겠다구? 절대로 할 수 없는 일이지! 그러니 살아남고 싶으면 당장 여기서 나가 버려!"

거인이 거칠게 대답했어요.

"할 수 있어요!"

소년은 어머니가 준 가위를 주머니에서 꺼내 거인의 눈썹을 싹뚝 잘라 버렸어요. 세상에, 이렇게 간단할 수가!

이제 털북숭이 거인은 다시 앞을 볼 수 있게 된 거예요.

거인은 껄껄 웃으며 몹시 기뻐했어요.

"아니, 이럴 수가 있나? 이런 꼬마가, 내 절반도 안 되는 녀석이 내 눈을 다시 보이게 해 주다니. 그래, 이제 어떤 부탁이든 말해 보아라. 내 너를 위해 무엇이든 해 주마. 암, 그래야 하고말고!"

"예, 아주 큰 부탁이 있어요. 슬픈 나이팅게일을 찾아내려면 어떻게 해야 하는지 말해 주세요."

소년이 말했어요.

"말해 주고말고, 용감한 소년이여."

거인은 목에 걸린 열쇠를 빼고, 턱에 난 기다란 수염 한 올을 뽑더니 함께 건네주며 말했어요.

"이 열쇠를 받거라. 그리고 이 수염 한 가닥도 받아라. 이걸 가지고 동굴 뒤로 난 저 계단을 쭉 올라가라. 철문이 나올 때까지 곧장 가는 거다. 철문이 나오면 내가 준 열쇠로 문을 열어라. 그러면

높은 산 위에 있는 절벽 위로 나가게 될 것이다.
거기서 이 수염에 불을 붙이면 네가 원하는 대로
다 될 것이다."

 한 손에 열쇠와 긴 수염 한 가닥을 꽉 쥐고, 소년은 거인이 말한 계단을 올라갔어요. 그 계단은 돌을 깎아 만든 것인데, 산 가운데를 뱀이 감듯이 뱅글뱅글 돌아가며 올라가게 된 나선 계단이었어요. 길고 좁은 굴 같았지요.

 어느 틈에선지 희미한 빛이 스며들어 온갖 빛깔의 바위와 오래된 종유석을 비추고 있었어요. 산속 깊은 곳에 펼쳐진 아름답고 신기한 모습에 홀린 채, 이 용감한 소년은 계속 걸어 올라갔어요. 마침내 거대한 문에 다다르게 되자 소년은 열쇠를 자물쇠 속으로 집어넣었지요. 열쇠를 돌리기도 전에 문이 저절로 열렸어요.

소년은 자기가 산의 반대편으로 나왔다는 것을 알았어요. 그곳은 발코니처럼 햇빛이 가득 드는 동굴의 입구였어요. 거인이 말했던 바로 그곳이 분명했지요. 소년은 조심스럽게 가장자리로 걸어가 보았어요. 발밑에는 보기만 해도 아찔한 벼랑이 입을 크게 벌리고 있었어요.

여기서는 더 이상 앞으로 나갈 수가 없었어요. 그때 갑자기 뒤쪽에서 문이 꽝 하고 닫히는 소리가 들려왔어요. 용감한 소년은 조금도 당황하지 않았어요. 문득 거인의 수염을 태워야 한다는 사

실이 떠올랐어요. 소년이 수염을 태우자, 기적이 일어났어요!

소년의 눈앞에 날개 달린 말이 불쑥 나타난 거예요!

그뿐이 아니에요. 그 말은 사람의 목소리로 말을 했어요.

"내가 뭘 해 주면 좋을지 말해 봐."

"나를 슬픈 나이팅게일이 있는 곳으로 데려다 주면 좋겠어."

소년은 조금도 겁내지

않고 대답했어요.

"그렇다면 내 등에 타서 갈기를 꽉 잡아. 자, 출발한다."

날개 달린 말이 소년에게 말했어요.

얼마 뒤 소년은 겁도 없이 말을 꼭 붙든 채 끝없는 하늘을 날고 있었어요. 밑으로는 산과 들판, 호수와 숲의 놀라운 광경이 펼쳐졌어요.

드디어 말과 소년은 앞서 넘어온 산보다 더 높은 산에 다다랐어요. 그 산은 하늘까지 닿을 만큼 높게 솟아오른 덩어리였고, 수평선 이쪽에서 저쪽 끝까지 걸쳐진 넓디넓은 산이었어요.

이 무시무시한 절벽 앞에서 말이 뱅글뱅글 맴만 돌고 있자, 소년은 마음이 불안해졌어요.

어떻게 해야 이 고비를 넘길 수 있을지 소년은 짐작도 할 수 없었으니까요.

말이 소년을 안심시켜 주었어요.
"걱정 마. 이 산은 둘로 나누어졌다가 다시 닫힌 단다. 산이 열리자마자 그 사이를 지나가면 돼."
 말이 이야기를 마치자마자 삐걱거리는 무시무시한 소리가 들려왔어요. 온 땅이 흔들리면서 거

대한 바위 벽이 눈앞에서 천천히 갈라졌어요. 말은 그 열린 틈새로 번개처럼 날아갔지요. 건너편에 도착하자마자 천둥소리가 한꺼번에 울리는 것처럼 엄청나게 커다란 폭발 소리가 들렸어요. 산은 갈라질 때보다 훨씬 심하게 흔들리면서 다시

닫혔어요.

  이 훌륭한 말은 계속 똑바로 날아가서 드디어 마흔 개의 탑이 솟아 있는 궁전에 닿았지요. 말은 땅 위로 내려갔어요. 소년은 말의 등에서 내렸어요.

  "슬픈 나이팅게일은 여기 있단다. 얼른 찾아봐. 너는 분명히 찾아낼 거야. 난 여기서 기다릴게. 서둘러야 해. 여기는 거인이 마흔 명이나 사는 곳이니까."

  말이 소년에게 말했어요.

소년은 조금도 겁내지 않고 혼자 걸어갔어요. 멀지 않은 곳에 정원이 있었어요. 여기저기서 새 우는 소리가 들려왔어요. 대체 어느 새가 슬픈 나이팅게일일까요?

 소년은 소리를 죽이고 살금살금 걸어갔어요. 흐느끼는 것처럼 슬픈 울음소리를 알아낼 수 있도록 말이지요.

 정원 깊숙이 걸어 들어가 보니, 꽃이 핀 레몬 나무가 있었어요. 그 나무 아래에는 대리석

의자가 놓여 있고, 한 소녀가 의자에 앉은 채 잠들어 있었어요. 소녀의 무릎 위에는 주황색 장미가

수놓아진 아름다운 하얀 스카프가 펼쳐져 있고 그 스카프 위에는 나이팅게일 한 마리가 앉아 있었어요. 그 새의 울음소리는 마음이 너무 아파 흘리는 눈물처럼 슬프디슬펐어요.

 소년의 가슴이 쿵쿵 뛰었어요. 이 새야말로 자기가 찾던 바로 그 나이팅게일이 분명했어요. 소년은 살금살금 기어서 가까이 다가갔어요. 새는 소년을 보자 날아가기는커녕 아예 헝겊 주름 속에 둥지를 튼 것처럼 자리를 잡았어요. 소년은 나이팅게일이 다치지 않게 스카프의 네 귀퉁이를 살그머니 잡고 재빨리 들어 올렸어요. 그러고는 뒤도 돌아 보지 않고 쏜살같이 달아났답니다.

 그 바람에 잠자던 소녀가 깨어났어요. 소녀는 벌떡 일어나더니 고함을 질러대기 시작했어요.

 "도둑이야, 도둑! 도둑이 내 나이팅게일을 훔쳐

갔어! 어서요, 오빠들!"

순식간에 마흔 명의 거인이 마흔 개의 탑에서 한꺼번에 뛰어나오더니 소년을 뒤쫓아 달려갔어요.

거인들 뒤로 그 누이동생도 뛰어왔는데 이제 보니 그 소녀 역시 엄청나게 커다란 거인이었어요.

소년은 번개처럼 재빨리 말 등에 올라탔어요. 말은 넓은 날개를 펼치고 하늘로 날아올랐습니다.

거인들은 온 힘을 다해 바위를 던져 댔지만 말은

이미 돌이 닿지 않을 만큼 높이 날아 올라갔어요. 거인들은 계속 쫓아 왔어요. 소년이 그 거대한 바위 벽 앞에 이르렀을 때 붙잡을 생각이었지요.

 하지만 날개 달린 말이 산 앞에 다다르자, 산이 열리더니 그들을 지나가게 해 주었어요. 거인들을 그곳에 둔 채로 산은 다시 닫혔어요. 이제 거인들도 어쩔 수가 없었어요.

거인들은 화가 나서 이를 부득부득 갈면서 궁궐로 돌아갔습니다.

날개 달린 이 근사한 말은 구름 사이를 쏜살같이 지나 벼랑이 내려다보이는 동굴 입구로 금방 돌아갔어요. 소년은 말 등에서 내려 말의 윤기 나는 목을 두드려 주었어요. 정말 고마웠지요. 그런 다음 소년은 커다란 철문 앞으로 가서 황금 열쇠로 문을 열고, 긴 굴을 지나 거인이 있는 동굴로 내려갔어요.

"거인님, 해냈어요! 보세요, 나이팅게일이에요!"

소년은 거인에게 열쇠를 돌려주면서 소리쳤어요.

거인은 소년이 나이팅게일을 찾은 것을 보고 몹시 기뻐했어요. 그 용감한 소년은 자기를 다시 볼 수 있게 해 준 은인이니까요. 그것은 결코 작은 일이 아니었지요!

"용감한 사람에게는 저절로 행운이 따르는 법이란 걸 이제 알았겠지? 자, 그럼 떠나라. 집으로 가는 모든 길에 행운이 함께 하기를!"

"모든 걸 감사드려요. 거인님이 도와준 일을 절대 잊지 않겠어요."

소년의 마음은 기쁨으로 터질 듯했어요. 소년은 거인에게 작별 인사를 하고 산을 내려왔어요. 슬픈 나이팅게일이 들어 있는 스카프를 조심스럽게 가슴에 안고서 말이에요.

소년은 멀고 힘든 길을 가야 했어요. 하지만 이제 소년은 그늘이 있는 곳마다 쉬었고, 빵과 치즈가 끝없이 나오는 자루가 있으니까 먹을 것도 충분히 있었어요. 소년은 나이팅게일이 굶지 않도록 늘 함께 나누어 먹었지요. 그래서인지 돌아오는 길은 갈 때보다 쉬웠어요. 소년은 어렵잖게 모든 산들을 다시 넘었어요. 그러다 우물 있는 곳에 이르렀어요.

더운 날이었어요. 소년은 잠시 앉아 쉬면서 물도 마시고 식사도 조금 하고 가려고 했어요. 바로 그때, 저만큼 떨어진 곳에 웬 불쌍한 남자가 먼지 속에 지쳐 쓰러져 있는 것이 보였어요. 소년은 그에게 다가갔다가 깜짝 놀라고 말았지요. 그 남자는 바로 스누티였어요! 그래요, 그토록 잘난 척 빼기고 다니던 주인의 아들 스누티! 어쩌다 이런 형

편없는 꼴이 되었는지!

 스누티는 몹시 더러웠어요. 지저분한 누더기를 걸치고 있는 데다 말은 어디로 갔는지 보이지도 않고 빈 새장만 옆에 놓여 있었어요. 몇 달 전 길을 떠날 때, 터질 것 같은 헛된 희망에 부풀어 들고 나갔던 바로 그 새장이었지요. 저렇게 거지 같은 모습으로 웅크리고 앉아 있는 게 스누티라니! 그토록 뽐내던 꿈은 다 어디로 사라져 버린 건가요?

 소년은 친절하게 인사를 하고, 자루에서 빵과 치즈를 꺼내 같이 나눠 먹었어요.

"너무 속상해하지 말아요. 이 스카프 안에는 슬픈 나이팅게일이 있어요. 내가 공주와 결혼을 하게 되면 당신을 궁궐로 불러 함께 살게 할게요."

 소년은 스누티에게 말했어요.

 스누티는 잘난 체하는 것만이 아니라 못되고 교

활하기까지 했어요. 그는 벌써 마음속으로 악마와 같은 계획을 꾸미기 시작했어요.

"내가 저까짓 조수의 하인으로 궁전에 갈 사람인 줄 알아? 그렇게 생각했다면, 큰 잘못이지."

그는 혼잣말을 하다가 큰 소리로 소년에게 말했어요.

"이제 실컷 먹었으니, 물을 마셔야겠다. 그런데 우물에 줄만 있지 두레박이 없는 것 같구나."

"그럼 어떻게 하죠?" 소년이 물었어요.

"이렇게 하자. 네가 줄로 나를 내려 주면 내가 물을 마시고, 그다음에 내가 너를 내려 주면 네가 물을 마시는 거야. 그런 뒤에 떠나자꾸나."

조수는 스누티를 우물 안으로 내려 주었어
요. 그는 우물에서 올라오자 말했어요.
"새는 두고 내려가는 게 좋겠군.
도망가지 않도록 내 새장 속에 잠깐
넣어 두도록 하지."
 소년은 그러자고 했어요. 그들은 나이팅게일을
새장 속에 넣었지요.
 소년은 조심스럽게 스카프를 접어 주머니에
넣었어요.
 이번에는 스누티가 소년을 우물
안으로 내려보냈어요. 그러자마자,
스누티는 슬픈 나이팅게일이 든 새장을 낚아채
고는 줄행랑을 쳤답니다.
 스누티는 곧장 왕에게로 달려갔어요.

용감한 청년이 슬픈 나이팅게일을
찾아왔다는 소식이 퍼지자 궁전은
온통 기쁨의 환호성으로 뒤덮였어요.
사람들은 스누티를 당장 멋진 옷으로
갈아입혔어요. 그 행복한 소식에
기운이 난 공주는 자리를 박차고
달려왔어요. 공주는 자기 손으로
새에게 먹을 것을 주었어요.

하지만 슬픈 나이
팅게일은 예전처럼
슬퍼하면서, 먹지도
마시지도 노래하
지도 않았어요.

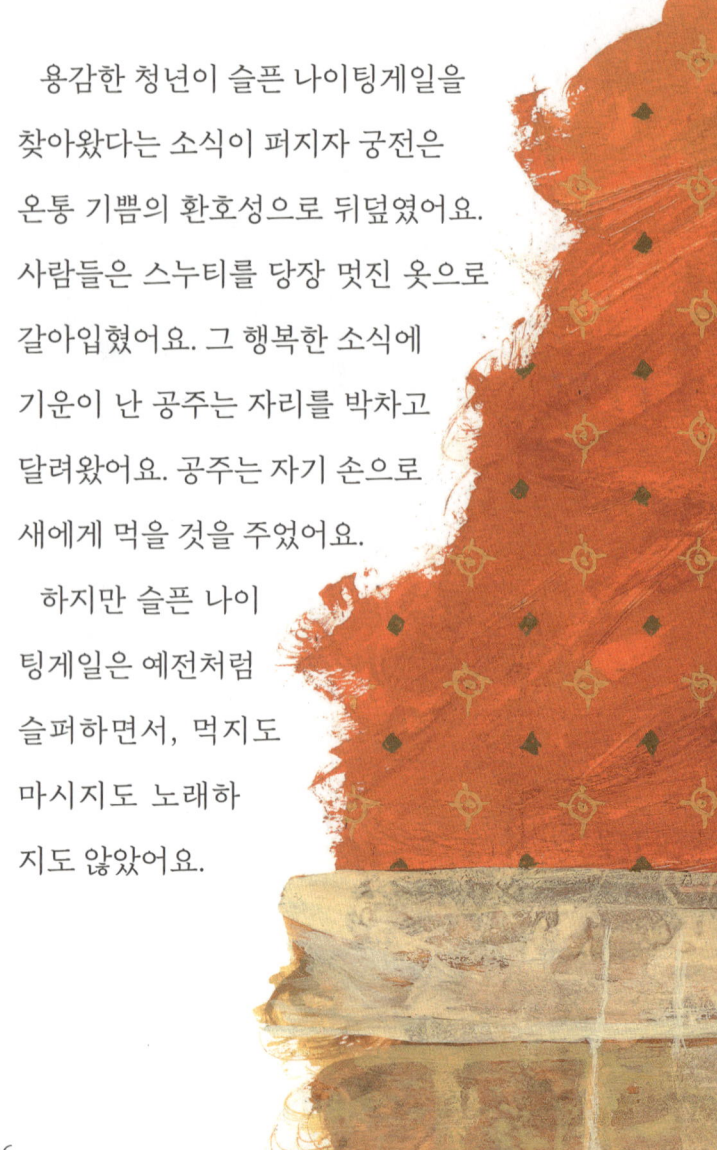

이런 모습을 본 공주는 다시 침대에 누웠고, 이제는 전보다 더 아프게 되었답니다.

한편 소년은 우물 속에 그리 오랫동안 갇혀 있지는 않았어요. 바로 다음 날, 한 양치기가 소년의 고함 소리를 듣고 끌어올려 주었거든요.

양치기는 소년이 어떻게 그런 궁지에 빠지게 되었는지 알고 싶어 했지만, 소년에게는 그럴 시간이 없었어요. 소년은 그냥 "미끄러져서 떨어졌어요."라고만 말하고, 구해 준 양치기에게 고맙다는 인사를 할 새도 없이 궁전으로 달려갔지요.

하지만 궁궐 문지기들이 소년을 들여보내려고 하지 않아서 소년은 슬픈 나이팅게일을 도둑맞았다고 계속 소리를 질러 댔어요. 공주가 그 소리를 듣고 문지기들에게 소년을 안으로 데려오라고 명령했지요.

왕과 왕비도 그 자리에 있었어요. 구석에는 스누티도 있었고요. 소년이 스누티를 바라보자, 스누티는 두려움으로 얼어붙고 말았답니다.

소년은 방에 들어서자마자 말을 꺼냈어요.

"존경하는 폐하, 그리고 왕비 마마, 슬픈 나이팅게일을 찾아낸 사람은 바로 저입니다. 저 친구가 무슨 말을 했는지는 모르겠지만 그것은 모두 거짓말입니다."

소년은 자신이 어떻게 새를 찾아내서 가져왔는지, 그리고 어떻게 스누티가 자기를 우물에 빠뜨리고 새를 훔쳐 갔는지를 다 말했답니다.

자신이 얼마나 큰 어려움을 이겨내고 여기까지 오게 됐는지 설명하느라 눈물이 터지고 마음을 가눌 수 없는 지경이었지요.

소년의 이야기가 끝나자마자 스누티는 가랑잎처럼 부들부들 떨기 시작했고, 죽은 사람처럼 얼굴이 하얘졌어요. 스누티는 거짓말쟁이는 자기가 아니라 소년이라고 소리치면서, 억지를 부려 그 자리를 빠져나가려고 했어요. 그러나 그는 말을 더듬거렸고, 내용도 앞뒤가 맞지 않았어요. 어느 누가 보더라도 진실을 말하는 쪽이 누구인지 단번에 알 수 있을 정도였어요.

"그래, 잘 알겠다. 그런데 슬픈 나이팅게일은 어찌 된 거냐? 새는 먹지도 않고, 노래를 부르지도 않는구나. 그 때문에 공주는 새를 만나기 전보다도 더 아프단다."

왕이 끼어들어 말했어요.

소년은 주홍색 장미가 수놓아진 하얀 비단 스카프를 주머니에서 꺼내, 공주의 무릎 위에 가만히 올려놓았어요.

잃어버렸던 스카프를 다시 보자, 공주는 너무나 기뻐 작은 소리로 탄성을 질렀어요. 공주는 침대에서 벌떡 일어났지요.

소년이 새장을 집어 들고 작은 문을 열자 나이팅게일이 폴짝폴짝 뛰어나와 공주의 무릎에 놓인 스카프 속으로 쏙 들어갔어요. 그러더니 정말로 기쁘고 행복한 노래를 부르기 시작했어요.

공주의 뺨을 타고 눈물이 흘러내렸어요. 이 사랑스러운 아가씨가 손바닥을 내밀자 작은 새는 그 안으로 뛰어들었어요. 공주는 손으로 새의 몸을 부드럽게 감싸 쥐고, 이 작은 새에게 다정한 입맞춤을 해 주었어요.
그런데 이게 무슨 일일까요?
그 순간 기적이 일어났어요!
공주의 잃어버린 동생이 그곳에 우뚝 서 있는 것이었어요. 방 안에 있던 사람들은 모두 놀라 눈이 휘둥그레졌지요.

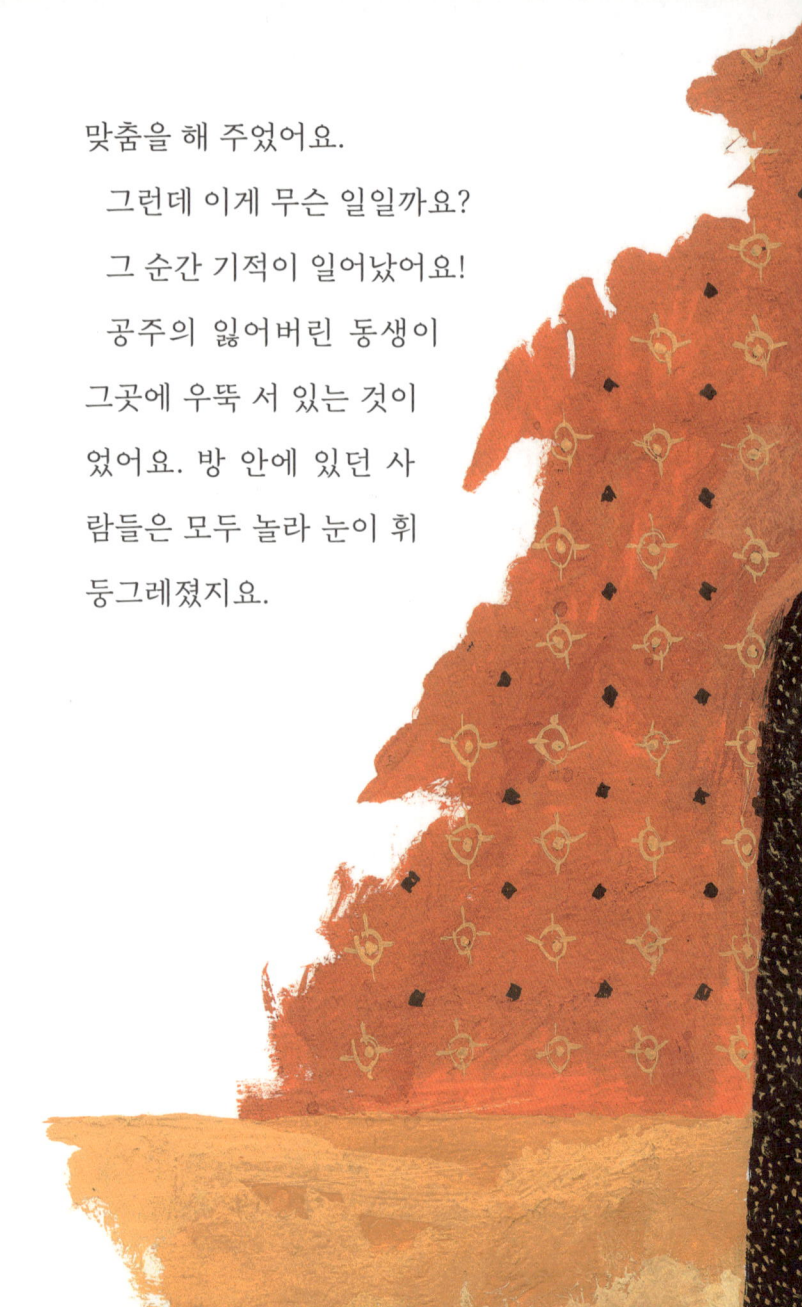

아름다운 공주는 이제 슬픈 나이팅게일을 잡고 있는 게 아니었어요.

공주가 잡고 있는 것은 그렇게도 깊이 사랑하는 어린 동생의 손이었답니다.

동생과 누나, 아빠와 엄마는 서로를 얼싸안은 채 울음을 터뜨렸어요. 비로소 궁궐에 행복한 날이 돌아왔다며 눈물을 흘리며 기뻐했지요.

용감한 소년도 그들만큼 기뻤어요. 슬픈 나이팅게일을 찾아와서 공주가 잃어버린 동생을 다시 만나게 되었으니까요.

누가 알았겠어요? 못된 악마가 어린 왕자를 슬픈 나이팅게일로 변하게 해서, 사람의 발길이 전혀 닿지 않는 높고 험한 산 너머 살고 있는, 거인들에게 보냈을 줄이야!

　게다가 슬픈 나이팅게일을 다시 소년으로 바꾸는 유일한 방법이 사랑하는 누나의 입맞춤이었다는 사실 또한 누가 알았겠어요?

혹시 그 사실을 알았다 해도 슬픈 나이팅게일이 그렇게 알 수 없는 먼 곳으로 붙잡혀 사라졌을 때는 그 새를 찾아오는 일이 불가능한 일로만 여겼겠지요.

그러나 많은 일들이 그렇듯이, 그 불가능하게만

여겼던 일이 이루어졌어요. 간절하고 순수한 마음에서 우러나오는 일이라면 우리의 결심도 강해지는 법이랍니다. 어떤 일에도 겁먹지 않는 용감한 소년은 슬픔과 고통으로 괴로움을 겪던 궁궐에 행복과 기쁨을 가져다주었어요.

잔치는 온 궁궐로 퍼져 나가 아흐레 동안이나 이어졌어요.

잃어버린 왕자가 돌아온 것을 축하하느라고 사흘, 슬픈 나이팅게일을 찾아온 훌륭한 소년을 환영하느라고 사흘, 그리고 세상에서 가장 사랑스러운 아가씨의 결혼을 축하하기 위해 다시 사흘 낮 사흘 밤 동안 계속해서 잔치가 이어졌답니다.

한편 스누티에게 왕은 아주 무시무시한 벌을 주려고 했어요. 그런데 이제 왕자가 된 친절한 소년이 왕에게 그의 용서를 부탁했지요. 스누티는 벌을 받지 않고 풀려나게 되었어요.

　그날 이후로 스누티는, 두 번 다시 잘난 체하거나 뻐기고 다니는 일이 없게 되었답니다.

　새 왕자로 말할 것 같으면, 거인이 자신을 도와준 일을 결코 잊지 않았어요. 일 년에 한 번씩은

어머니가 물려준 가위를 가지고, 거인의 눈썹을 잘라 주러 그 동굴로 찾아갔답니다.
 자, 여러분, 이야기가 끝났어요. 이제는 잘 시간이랍니다.

문해력을 키워주는
감성의 보물창고 <그리스·로마 설화>

　여러분은 <그리스·로마 신화>에 대해 평소에 많이 들어 보았을 거예요. 상상력의 보물창고라는 별명을 가진 <그리스·로마 신화>는 고대 그리스에서 생겨나 로마 제국으로 이어지는 신들의 이야기입니다. 옛날 사람들의 상상 속에서 창조된 제우스, 헤라와 같은 신비로운 신들의 이야기인 <그리스·로마 신화>는 수천 년이 지난 현대사회에서도 마치 생명이 있는 것처럼 살아 숨을 쉬는 이야기로 여겨집니다. 이렇게 오늘날까지도 과학과 철학 그리고 예술 세계에 큰 영향을 미치고 있어 꼭 읽어야만 하는

<그리스·로마 신화>는 엄청나게 많은 신들의 세계가 복잡하게 얽혀 있는 커다란 규모의 이야기이기 때문에, 신화 속의 세계를 깊이 있게 이해하기 위해서는 세상에서 실제로 일어나지 않는 일을 마치 실제처럼 재미있게 엮은 이야기 즉, 전해져오는 상상의 이야기를 감성으로 이해할 줄 알고 익숙해져야 합니다. 그래서 신화와 함께 읽는 감성의 보물창고 <그리스·로마 설화>를 여러분에게 소개합니다. 지금부터 떠나게 될 <그리스·로마 설화>에는 바로 그런 옛날이야기들이 가득 담겨 있습니다. 특별한 민

족의 사이에서 조상들의 입으로 전승되어 오는 전설이나 민담의 이야기가 바로 설화입니다. 그래서 설화는 익숙한 옛날이야기 같기도 하면서 신화처럼 신비롭기도 하고, 마치 앞으로도 일어날 수 있을 것만 같은 상상의 세계를 감성의 보물창고로 열어주고, 신화를 읽기 위한 문해력을 풍부하게 성장시켜줍니다. 이제 상상력의 보물창고 <그리스·로마 신화>와 함께 읽는 감성의 보물창고 <그리스·로마 설화>를 통해 재미있는 보물찾기 여행을 함께 떠나 보세요.

감성의 문해력을 키워주는
《그리스·로마 설화》

제1권 의지와 행복
　슬픈 나이팅게일

제2권 진정한 용기
　호두 속으로 들어간 드레스

제3권 뚝심과 선량함
　대리석 공주

제4권 심술과 질투
　열두 달 이야기

제5권 지혜와 위로
　고양이와 아기 곰

제6권 자유와 선택
　물의 요정과 신비한 베일

제7권 죄의 의미
　상추 잎 한 장

제8권 아름다운 사랑
　백조와 미녀

제9권 돈의 의미
　세 가지 충고

제10권 진실과 거짓
　게으른 점쟁이

뇌과학자 정재승이 추천하는
인간을 이해하는 12가지 키워드로 신화읽기
《그리스·로마 신화》

제1권 키워드 권력
  제우스 헤라 아프로디테

제2권 키워드 창의성
  아폴론 헤르메스 데메테르 아르테미스

제3권 키워드 갈등
  헤파이스토스 아테나 포세이돈 헤스티아

제4권 키워드 호기심
  인간의 다섯 시대 프로메테우스 대홍수

제5권 키워드 놀이
  디오니소스 오르페우스 에우리디케

제6권 키워드 탐험
  다이달로스 이카로스 탄탈로스 에우로페

제7권 키워드 성장
  헤라클레스

제8권 키워드 미궁
  페르세우스 페가소스 테세우스 펠레우스

제9권 키워드 용기
  이아손 아르고스 코르키스 황금 양털

제10권 키워드 반전
  전쟁 일리아드 호메로스 트로이

제11권 키워드 우정
  오디세우스

제12권 키워드 독립
  오이디푸스 안티고네 에피고오니